AF483067

THÈSE

POUR LA LICENCE

Qui sera soutenue le lundi 29 juillet 1850, à une heure

Par Urbain-Louis-Gustave DERBANNE

né à Paris le 31 juillet 1828

Président : M. PELLAT, professeur

Suffragants :
MM. BUGNET,
DE VALROGER, } professeurs
ROUSTAIN,
MACHELARD, } suppléants

Le Candidat répondra en outre aux questions qui lui seront faites sur les matières de l'enseignement.

A PARIS

DE L'IMPRIMERIE DE CRAPELET

RUE DE VAUGIRARD, N° 9

1850

JUS. ROMANUM.

(Ulp. fragm. t. **VI**, *de Dotibus,* — Dig. lib. 23, tit. III, *de Jure dotium.*)

Dos est quidquid ad sustinenda matrimonii onera , mulier marito
affert. Pluribus modis constituitur, aut dicitur, aut datur, aut promittitur. Jure antiquo , non poterant omnes dicere dotem , sed
solummodo, dici poterat dos, a muliere, nisi fuerit filia familias, a
debitore mulieris, vel a patre vel a parente virilis sexus, per virilem
sexum cognatione juncto. Cæteri possunt dare aut promittere dotem.
Soluto matrimonio, mulier habet actionem *rei uxoriæ* ad recipiendam
dotem, nisi sit familiæ filia; tunc pater hanc habet actionem, sed
adjuncta filiæ persona, nam reipublicæ interest, mulieres dotes salvas
habere, propter quas nubere possint (**L. 2**).

Dos sine matrimonio esse non potest, itaque, si res in dotem
fuerint traditæ, et si nuptiæ secutæ non sint, mulier agere poterit
per condictionem *ob rem dati re non secuta.*

Dos aut profectitia , aut adventitia est.

Profectitia dos est quæ de bonis patris vel paterni parentis, vel
facto eorum profecta est. Nec tantum hoc intelligi debet, de parente
qui filiam in potestate habet, nam profectitia quoque dos est quam
pater pro filia emancipata dedit, quia non jus potestatis sed parentis
nomen, dotem profectitiam facit : et interest an dos profectitia sit,
quia eo reversura est unde profecta est.

Cæteræ dotes adventitiæ sunt.

Adventitia dos semper penes maritum remanet mortua in matrimonio muliere, nisi constituens stipulatus sit ad se aut ad aliumquemque
eam reversuram esse, quo casu dos receptitia dicitur.

Si filiæ emancipatæ pater donare voluerit, et ex voluntate filiæ pater easdem res marito solverit, dos adventitia fit : nam res non ut dotales sed ut donatæ, ex patris bonis profectæ sunt (L. 51).

Plures sunt actiones ad obtinendam dotis restitutionem : actio rei uxoriæ, et actio ex stipulatu si stipulatio de dote reddenda facta est. Plures quoque sunt restitutionis modi, de quibus infra loquendi sumus.

Semper in ambiguis, pro dotibus respondere melius est, ita ut dos servetur : et recte officio suo fungatur.

1. *Quid possit in dotem converti.*

Omne quod in nostrum patrimonium admittitur in dotem converti potest; et quæsitum est an vir per universitatem accipiens, quasi hæres tenetur : et Paulus respondit eum a creditoribus mulieris conveniri non posse, quia non plus in dotem esse, quam quod superest deducto ære alieno (L. 72).

In dotem usumfructum dare potest mulier, tam quem in fundo mariti habet, quam quem propter dotem in fundo suo constituit. Si in dotem dedit usumfructum quem in fundo mariti habebat, ad proprietatem revertitur ususfructus, et divortio facto, maritum usumfructum, dotis causa mulieri constitet : sic erit dotis restitutio. Si in fundo suo usumfructum constituit mulier, ut non indotata sit, ad sciendum quid restituendum sit, si mulier servaverit aut vendiderit fundum distinguendum : si servaverit, ususfructus ei cedetur, sed si non sit fundi domina, ei competit dotis actio, et cogere poterit virum ad retrocessionem ususfructus, sive ut ab emptore se liberet, sive ut pretium ex eo percipiat (L. 78, § 2).

Si extraneus usumfructum sui fundi in dotem dederit, et dos mulieri post divortium restituenda sit, quia ususfructus a fructuario cedi non potest, nisi fundi domino, maritus usumfructum mulieri locabit vel vendet nummo uno (L. 66).

Fundo in dotem dato, si accesserit ususfructus, incrementum videbitur dotis, et non alia dos : nec illa pars dotis adventitia videtur, si profectitia dos est, ejusdem juris est (L. 4).

Dotis promissio ab extraneo in incerto facta, jure non valet, a parente vero facta, valet incerta promissio, etenim prætor vel præses eum ad dotem dandam cogere possunt.

Dotalia sunt, non solum quæ in dotem sunt constituta, sed et quæquæ illis accessione junguntur (L. 69, § 9).

Unde, si fundus in dotem fuerit constitutus, et propter evictionem duplum promissum fuerit, evictione secuta, duplum a constituente solutum, maritus restituere debet, et hoc verum si fundus fuerit estimatus vel non (L. 52).

Res in dotem constitutæ, estimatæ vel non estimatæ viro præstantur. Si estimatæ sunt, venditio fit, et soluto matrimonio pretium tantummodo debet maritus. Si non estimatæ, quales extant restituuntur; tamen dolum et culpam præstat maritus.

II. *Quibus modis dos constituitur.*

Jure antiquo, sicuti supra diximus, triplici modo dos constituebatur, dictione, promissione aut datione : duo etiam alteri modi erant, donatio mortis causa, et acceptilatio.

Dos dari intelligitur, cum dotis causa res aliqua marito vel emancipatur, vel traditur, vel ceditur in jure.

Promittitur, cum interrogante marito, quivis alius promittit : ex promissione condictio certi, vel ex stipulatu actio marito competit. Dos dicitur, cum nulla precedente interrogatione, solemni verborum ritu contrahitur obligatio.

Rescripto Theodosii et Valentiniani imperatorum, exoleverunt solemnes verborum figuræ, et nunc pacto legitimo aut promissione vel dictione dos constituitur.

Pater etiamsi falso existimans se filiæ suæ debitorem, ei dotem *dixisset*, obligatus est, dum extraneus non fuisset obligatus, etenim patris nomen, dotis dicendæ solemne jus, ei attribuit (L. 46, § 2).

Servus et filius familias, domino aut patrifamiliæ acquirunt dotem stipulatam vel sibi dictam. Sed donec pater aut dominus ratum habuerit, non ei periculum dotis incumbit.

Si pater aut extraneus plus dedit in dotem quam necessitate coactus, et postea solvendo esse desierunt, non periculum dotis incumbet marito, cui parcendum est quod non acriter debitores dotis persecutus sit, qui in id tantum quod facere possint condamnati fuerint.

Dos promitti potest non solum pure, sed ex certo tempore aut certa conditione, sed non potest constitui sub ea conditione quæ conferat stipulationem in id tempus quo dissolutum erit matrimonium, nam dos esse non potest ex tempore quo matrimonium futurum non sit.

Post divortium mulier, si de dote maritus nihil cavit, et cum alii nupsisset, postea ad priorem virum rediit, tacite dos ei redintegratur (L. 64).

Constitutio dotis ab eventu nuptiarum pendet licet pure concepta. Si nuptiæ secutæ non fuerint, ex stipulatu agi non potest, magis enim resquam verba intuenda sunt (L. 41, § 1).

Igitur, stipulatio quæ dotis causa fit semper in se habet conditionem, *si nuptiæ fuerint secutæ*, et ex ea agere non posse maritum, licet non expressa conditio.

Si pater filiæ nomine dotem promisisset, et eam ante nuptias emancipasset, non resolvitur promissio. Et etiam si pater ante nuptias moreretur, hæredes ejus ex promissione obligati manebunt.

Licet soleat dos per acceptilationem constitui, tamen si ante matrimonium acceptilatio fuerit interposita, nec nuptiæ secutæ, Scævola ait, matrimonii causa interpositam acceptilationem non secutis nuptiis nullam esse, atque ideo suo loco manere obligationem (L. 43).

Nunc inspiciendum est an aliquod jus ex constitutione dotis nasci possit cum non valet matrimonium.

Dotis appellatio non refertur ad ea matrimonia quæ consistere non possunt. Neque enim dos sine matrimonio esse potest, sed si quæ ab initio justæ non erant nuptiæ, postea convalescere possunt, dos quoque convalescit. Hinc Papinianus dotis promissio non ideo minus valet quod, ignorante initio patre, nuptiæ non fuerint, si postea consenserit, cum omnis dotis promissio futuri matrimonii tacitam conditionem accipiat. Nam et si minor annis duodecim ut major deducta sit, tunc primum petetur, quum major annis apud eumdem esse cœperit. Quod enim vulgatum est, dotis promissionem in primis duntaxat nuptiis destinari, neque durare obligationem si post alterius matrimonium ei nubat cui dotem promiserat, tunc locum habet cum intercesserunt aliæ nuptiæ (L. 68).

III. *De jure quod erga dotalia ex constitutione dotis viro et uxori nascitur.*

Rerum quæ dotis causa traditæ sunt dominium nanciscitur vir, si domino aut voluntate domini traditæ sunt.

Dotis causa perpetua est, et cum voto ejus qui dat, ita contrahitur ut semper apud maritum sit (L. 1).

Maritus servi dotalis dominium habet : si servus dotalis hæres sit institutus, mariti jussu debet adire aut repudiare hæreditatem; sed quod ex tali causa per servum dotalem acquiritur, dotem ampliabit, nec prout fructus habebitur.

Quamvis in bonis mariti dos sit, mulieris tamen est, inde uxor non plane in res dotales jure quodam destituitur, nam si mulier in dotem fundum inæstimatum dedit, cujus nomine duplæ stipulatione cautum habuit, isque marito evictus sit, potest statim ex stipulatione agere : ejus enim interest non esse evictum quod in dotem fuit (L. 75).

Pater dominus est dotis præstitæ viro filio familias, dum matrimonii onera sustineat. Filius autem statim emancipatus dotem recipit, nam ei incumbunt matrimonii onera. Mortuo patre filius ex paterno patrimonio cunctam dotem præcipiet (L. 56, § 1 et 2).

Ex hoc principio, ibi dos esse debet ubi onera matrimonii sunt.

Demum in rebus dotalibus, maritum tam dolum quam culpam præstare oportet : sed exacta diligentia quam suis rebus adhibet, satis est (L. 17).

IV. *De restitutione dotis.*

Soluto matrimonio, dos aufertur marito , et enim sine causa apud maritum remaneret, qui onera matrimonii non sustinet. Restituenda igitur mulieri ut iterum nubere possit. Sed quum marito liberi ex eo matrimonio nati commendentur, singulorum liberorum nomine sextæ retinentur , non plures tamen quam tres sextæ. Restituta tamen dote in solidum, sextas repetere vir non potest. Cæteræ adhuc sunt retentiones quæ enumerantur (§ 9, fg. Ulp. tit. vi).

Impensis necessariis ipso jure minuitur dos, id est, maritus fundum detinere potest donec universa impensa ei solvantur. Sed si tantum per partes impensum sit quanti fundus est, extra dotem statim esse fundus incipit, nisi mulier sponte marito intra annum impensas obtulerit (L. 56, § 3).

Si dos in rebus certis constet, statim restitui debet, annua bima trima die, si in rebus quæ pondere, numero, mensurave continentur.

Mortua in matrimonio muliere dos a patre profecta ad patrem revertitur, sed maritus penes se retinet in infinitum tot quinta quot habet liberos.

Adventitia autem dos penes maritum remanet, nisi receptitia sit.

Demum si sui juris est mulier, actionem ex stipulatu aut rei uxoriæ habet, si filia familias, patri hæ dantur actiones, sed adjuncta filiæ persona.

CODE CIVIL.

DU CONTRAT DE MARIAGE ET DES DROITS RESPECTIFS DES ÉPOUX.

(Code civil, liv. III, tit. V, art. 1387-1399.)

DISPOSITIONS GÉNÉRALES.

Le législateur français s'est occupé du mariage sous deux points de vue bien distincts : au livre premier de notre Code, il a réglé l'état des personnes et leur capacité; au livre troisième, il a envisagé le mariage, au point de vue des biens de ceux qui le contractent. Autant il s'est montré rigoureux dans les règles qu'il pose pour le mariage, acte public, autant il a laissé de latitude aux parties pour régler leur association conjugale et leurs droits respectifs, dans leur contrat de mariage, acte purement privé et accessoire dont l'existence dépend de celle du contrat principal, *le mariage*. Une preuve de cette latitude est que le législateur ne règle l'association conjugale, quant aux biens, qu'à défaut de conventions spéciales (art. 1387).

Nous pouvons donc dire, que le contrat de mariage est l'acte par lequel les futurs époux règlent leur association conjugale, quant aux biens.

I. *Conventions permises. — Conventions prohibées.*

Le législateur, tout en donnant une grande liberté aux conventions matrimoniales, a cependant apporté quelques restrictions exigées par l'ordre public et les bonnes mœurs : si, dans le but de favoriser le mariage, il a permis aux futurs époux de mettre en commun tous leurs biens présents et à venir (art. 1526), d'attribuer à l'un d'eux la totalité des bénéfices (art. 1525), conventions qu'il interdit à toutes autres personnes (art. 1837 et 1855), il leur a défendu de toucher par des clauses particulières :

1° Aux droits résultant de la puissance maritale ; par exemple, au droit qu'a le mari d'élire le domicile commun (art. 214), à celui d'autoriser sa femme à contracter ou à ester en justice (art. 215 et 217);

2° Aux droits de la puissance paternelle ; par exemple, au droit de correction sur la personne des enfants (art. 373), de les émanciper (art. 477), de jouir de leurs biens (art. 384), enfin au droit de consentir à leur mariage (art. 148);

3° Aux droits du mari comme chef de la communauté (art. 1421);

4° Aux droits conférés au survivant des époux, par le titre de la puissance paternelle et par le titre de la minorité, de la tutelle et de l'émancipation, c'est-à-dire au droit de diriger les enfants, qui passe à la femme, au décès du mari (art. 381), de gérer leur tutelle (art. 390), de donner à la femme survivante un conseil de tutelle, de choisir un tuteur testamentaire (art. 397);

5° Aux dispositions prohibitives du Code, par exemple à celle qui défend de modifier les conventions matrimoniales, après la célébration du mariage (art. 1395), à celle qui défend de faire commencer la communauté avant ou après la célébration (art. 1399), à celle de l'article 1453 qui défend à la femme de renoncer à l'avance au droit qu'elle a d'accepter ou de répudier la communauté;

6° A l'ordre légal des successions, soit par rapport aux époux eux-mêmes dans la succession de leurs enfants, soit par rapport à leurs enfants entre eux. Ainsi les époux ne pourraient convenir que les biens des enfants décédés, pendant le mariage, appartiendraient à l'un d'eux, ou que ces biens passeraient en totalité à l'aîné des fils.

II. *Conditions de formes et de temps.*

Les conventions matrimoniales doivent être faites dans la forme notariée (loi de ventôse an XI) et avant la célébration du mariage : l'acte civil accompli, le contrat ne peut plus subir aucun changement. Le contrat doit être notarié, et il en restera minute entre les mains du notaire, afin que les parties ne puissent pas modifier leurs conventions. Le législateur a voulu que ce contrat fût fait avant le mariage, pour que les époux, encore indépendants à ce moment, puissent débattre utilement leurs intérêts pécuniaires ; il a craint l'influence d'un époux sur l'autre, si les conventions matrimoniales étaient réglées pendant le mariage.

Mais le contrat de mariage étant l'accessoire du mariage, tant que celui-ci n'est pas célébré, il n'est qu'un projet que les parties peuvent à leur gré abandonner ou modifier, toutefois à certaines conditions.

Il faut : 1° Que les changements soient faits dans la même forme que l'acte qu'ils modifient, c'est-à-dire par-devant notaire ;

2° Qu'ils soient faits avec le consentement simultané, et en la présence de toutes les personnes qui ont été parties au contrat primitif.

L'une de ces deux premières conditions manquant, le changement est nul à l'égard de tous.

3° Que le notaire rédige ces changements à la suite de la minute du contrat de mariage, sous peine de ne pouvoir les opposer aux tiers qui contracteraient avec les époux.

4° Enfin, que le notaire ne délivre ni grosses ni expéditions du contrat de mariage, sans transcrire à la suite les changements, sous peine de dommages et intérêts ou sous plus grande peine s'il y a lieu (art. 1397).

Cette dernière condition ne regarde que la responsabilité du notaire.

III. *Capacité.*

Passons maintenant à la capacité.

Ici encore nous retrouvons une nouvelle preuve de la faveur du législateur pour le mariage ; il a étendu la capacité, puisqu'il n'exige pour le contrat de mariage que la capacité exigée pour le mariage ; il permet au mineur non émancipé de contracter devant le notaire, comme il contracte devant le maire ; il suffit donc qu'un garçon de dix-huit ans accomplis, et une fille de quinze ans, soient assistés de ceux dont le consentement est nécessaire pour la validité du mariage, pour qu'ils aient la même capacité qu'un majeur de vingt et un ans, qu'ils puissent faire les mêmes conventions.

Cependant une fille mineure ne peut pas, même avec le consentement, sans lequel elle ne pourrait se marier, restreindre son hypothèque légale, permission accordée aux filles majeures (art. 2140), dans la crainte sans doute qu'elle n'accorde inconsidérément cette restriction d'hypothèque.

IV. *Régimes divers sous lesquels on peut se marier.*

Lorsque le législateur a tracé les règles des différents régimes sous lesquels on pourrait se marier, il a d'abord abrogé toutes les anciennes coutumes ou statuts locaux, afin d'avoir une unité de législation ; il a permis cependant d'adopter tout ou parties des anciennes coutumes, non plus comme lois, mais comme conventions particulières, et pour cela il exige que les futurs époux qui adoptent tel ou tel article d'une coutume, en reproduisent le texte dans l'acte de contrat de mariage.

La loi offre quatre régimes différents :

1° Le régime de la communauté ;

2° Le régime sans communauté ;

3° Le régime de séparation de biens ;

4° Le régime dotal.

Le Code semble cependant n'offrir que deux régimes : le régime de la communauté légale, et le régime dotal ; cela vient de ce que les rédacteurs, en copiant Pothier, ont comme lui traité le régime exclusif de communauté, et le régime de séparation de biens, comme des modifications de la communauté.

Le premier régime est celui sous lequel le mari a les pouvoirs les plus étendus : non-seulement il administre les biens de la communauté, mais encore il peut les aliéner ; quant aux biens de la femme, il les administre seulement.

Les régimes de communauté et de séparation de biens nous occuperont spécialement ; enfin sous le régime dotal le mari est encore administrateur des biens dotaux, mais les immeubles dotaux sont frappés d'inaliénabilité.

De ces différents régimes, le premier, le régime de communauté, est le droit commun de la France; aussi, deux personnes se mariant sans déclarer le régime qu'elles adoptent, leur union sera réglée par la loi (art. 1399-1528). Pour en arriver là, il y eut bien des discussions au conseil d'État; enfin ce qui fit triompher le régime de communauté, c'est qu'il est d'origine toute nationale, tandis que le régime dotal nous venait des Romains; ensuite que le Code fut rédigé à Paris, pays de coutume; de plus, les rédacteurs virent là de plus grands éléments de prospérité pour le ménage, par l'intérêt qu'aurait chacun des époux à voir prospérer la communauté; ils pensèrent en adoptant ce régime pour le droit commun de la France, stimuler le mari à bien administrer, et la femme à apporter de l'économie de son côté. Si les futurs époux veulent adopter le régime dotal, ils doivent le déclarer expressément; la constitution d'une dot à la femme ne suffirait pas, car sous tous les régimes il peut y avoir dot.

Nous venons de voir comment s'établit le contrat de mariage; nous allons examiner comment se dissout la communauté.

DE LA DISSOLUTION DE LA COMMUNAUTÉ ET DE QUELQUES-UNES DE SES SUITES.

1. *Des causes de dissolution de la communauté.*

La communauté, accessoire et conséquence du mariage, se dissout comme lui par la mort naturelle ou civile de l'un des époux; elle se dissout aussi par la séparation, soit de corps, soit de biens, prononcée entre les époux, quoique ces événements laissent subsister le mariage.

La communauté se dissout donc :

1° Par la mort naturelle,
2° Par la mort civile,
3° Par la séparation de corps,
4° Par la séparation de biens.

De ces différentes causes, la dernière nous occupera plus spécialement.

II. *De la dissolution de la communauté par la mort de l'un des époux.*

Lorsque la communauté se dissout par la mort naturelle, ou civile
de l'un des époux, le survivant est tenu de faire inventaire. La loi a
sanctionné cette obligation. Selon les coutumes de Paris et d'Orléans,
le défaut d'inventaire donnait aux enfants mineurs la faculté de
choisir entre la continuation ou la dissolution de la communauté,
sanction qui avait de graves inconvénients lorsque l'époux survivant
se remariait, car alors il y avait une communauté tripartite qui engen-
drait le plus souvent des difficultés.

Le Code a abrogé cette sanction, qui, en outre, était peu logique,
puisqu'elle faisait exister entre des personnes qui n'étaient pas unies
par le lien du mariage, une société qui ne peut exister qu'entre époux,
et lui en a substitué une autre. L'époux qui n'a pas fait inventaire
encourt deux peines; d'abord, la preuve de l'actif de la communauté
peut être faite par commune renommée; ensuite, s'il y a des enfants
mineurs, il perd la jouissance légale des biens de ses enfants, jouissance qui doit s'entendre non-seulement des biens que les enfants
prennent dans la communauté, mais encore des biens que les enfants
peuvent avoir d'ailleurs. De plus, la loi déclare solidairement responsable, à l'égard des mineurs, le subrogé tuteur qui n'a pas contraint
l'époux tuteur à faire inventaire. Si la loi s'est montrée sévère à cet
égard, c'est pour sauvegarder les intérêts des mineurs, pour empêcher
des détournements qui leur seraient funestes.

Le législateur a voulu aussi protéger la femme contre les pouvoirs
exorbitants du mari pendant le mariage, et c'est dans ce but qu'il a
introduit la séparation de biens, institution d'ordre public, à laquelle
la femme ne peut pas renoncer.

DE LA SÉPARATION DE BIENS.

I. *Qui peut la demander? — Pour quelles causes?*

La séparation de biens ayant pour but de soustraire la femme à la mauvaise administration de son mari, il en résulte que la femme seule peut la demander, et comme c'est une dérogation aux conventions matrimoniales, elle ne peut être obtenue qu'en justice, dans les cas déterminés par la loi. Ces cas sont le péril de la dot, et la crainte produite par le désordre des affaires du mari, que ses biens ne soient pas suffisants pour remplir les droits et reprises de la femme (art. 1443) La conséquence de ce principe est la nullité de toute séparation volontaire.

Est-il toujours besoin qu'une dot ait été constituée pour que la femme puisse demander la séparation de biens? La loi semble le dire, cependant nous croyons qu'une femme, dont le mari s'est livré à la dissipation, pourra, quoique n'ayant rien apporté en dot, demander la séparation de biens, afin que le produit de son travail journalier ne soit pas absorbé par de folles dépenses, et qu'elle ne soit pas plongée dans la misère ainsi que ses enfants ; nous pouvons considérer le travail de cette femme comme une dot que le mari détruit chaque jour, et la justice prétera sans doute son appui à une femme qui se trouverait dans une semblable position.

La femme seule, avons-nous dit, peut demander la séparation de biens : les créanciers ne pourraient-ils donc pas, en invoquant l'article 1166, la demander aussi? La loi a formellement dit que non : elle ne veut pas que des tiers viennent, sans le consentement de la femme, troubler la paix du ménage pour des intérêts pécuniaires, que la femme est assez vertueuse pour sacrifier.

A cette décision arbitraire la loi a cependant apporté une restriction ; elle vient au secours des créanciers lorsque le mari est en faillite ou en déconfiture ; elle répute la communauté dissoute quant à eux, et leur permet d'exercer les droits de leur débitrice jusqu'à concurrence du montant de leurs créances. Mais à l'égard de la femme il n'y a pas dissolution de la communauté, d'où cette conséquence, que les créanciers de la femme devront, dans l'exercice de ses droits, respecter la jouissance du mari, et que l'excédant, s'il y en a un, appartiendra aux créanciers du mari.

II. *De la procédure de la demande en séparation de biens.*

La femme mariée ne peut ester en jugement qu'avec l'autorisation de son mari ou de justice : le mari ne pouvant autoriser sa femme à agir contre lui-même, c'est le président du tribunal où la demande doit être portée, qui autorisera la femme après lui avoir fait les observations qu'il jugera convenables.

La séparation de biens intéresse vivement les créanciers du mari, car elle prive le mari de la jouissance des biens de sa femme, et diminue ainsi le gage de ses créanciers; c'est pourquoi la loi exige, à peine de nullité, que la demande soit rendue publique. Pour ce, le greffier du tribunal inscrira sans délai, un extrait de la demande en séparation de biens, dans un tableau placé à cet effet dans l'auditoire. Pareil extrait sera inséré dans les tableaux placés à cet effet dans l'auditoire du tribunal de commerce, dans les chambres d'avoués et de notaires s'il y en a, enfin dans un des journaux du lieu où siége le tribunal, ou, s'il n'y en a pas, dans un de ceux du département.

Ces formalités remplies, comme il faut donner aux créanciers du mari le temps de connaître la demande et de prendre leurs mesures, aucun jugement ne pourra être prononcé dans le délai d'un mois. Pendant ce délai, la femme pourra faire les actes conservatoires qu'elle jugera nécessaires; de leur côté, les créanciers pourront intervenir dans l'instance, pour veiller à ce qu'il ne soit rien fait de contraire à leurs intérêts ; ils pourront même attaquer par la tierce opposition, le jugement prononcé ou exécuté en fraude de leurs droits, et leur action durera soit un an, soit trente ans, suivant que les formalités de publicité auront ou n'auront pas été remplies.

La publicité de la demande ne garantissait pas suffisamment les intéréts des tiers ; la loi veut que le jugement lui-même soit rendu public, car c'est lui qui met en quelque sorte les créanciers en demeure d'agir pour la conservation de leurs droits. Le jugement sera lu à l'audience du tribunal de commerce, un extrait en sera exposé pendant un an dans l'auditoire des tribunaux de première instance et de commerce du domicile du mari même non négociant ; à défaut de tribunal de commerce, dans la principale salle de la maison commune du domicile du mari. Enfin cet extrait devra être inséré au tableau des chambres des avoués et notaires. Le défaut de publicité rend l'exécution nulle, mais l'exécution pourra être commencée par la femme avant l'expiration du délai d'un an.

Il fallait que la séparation de biens ne fût pas illusoire, et qu'elle ne fût pas destinée à mettre une partie des biens du mari à l'abri des poursuites de ses créanciers ; de là l'obligation imposée à la femme de commencer ses poursuites dans la quinzaine de la prononciation du jugement, et lorsque la femme n'use pas du recours que la justice lui accorde, la loi pense que la dot n'est pas sérieusement en danger, et que la séparation de biens a été concertée entre les époux pour frauder les créanciers.

Mais comment concilier l'art. 1444 C. civ., qui déclare nulle la séparation si elle n'a été exécutée dans la quinzaine du jugement, avec l'art. 174 C. proc. qui accorde à la femme trois mois et quarante jours pour faire inventaire et délibérer si elle acceptera ou répudiera la communauté ? Nous dirons que la femme sera tenue de faire dans la quinzaine, les actes qui n'emportent pas prise de qualité, et que pour les autres elle ne sera tenue de les faire qu'après trois mois et quarante jours, car elle peut avoir intérêt à accepter la communauté.

III. *Des effets du jugement.*

Si le jugement de séparation n'avait d'effet que du jour de sa prononciation, il ne serait souvent d'aucun secours, car dans l'intervalle de la demande au jugement, le mari pourrait devenir complétement insolvable, et dissiper ce qui reste des biens communs. Pour parer à ce grave inconvénient, le législateur a appliqué la règle générale de notre droit, suivant laquelle les jugements sont déclaratifs, au jugement de séparation qui par le fait est *attributif*, et lui a donné un effet rétroactif qui remonte au jour de la demande : ainsi du jour de la demande, le mari perd et la femme reprend la jouissance et l'administration de ses biens propres.

Les fruits échus ou perçus depuis la demande sont restitués à la femme, la succession mobilière qui lui serait survenue dans cet intervalle, lui appartiendrait en entier, et les actes de disposition des biens communs ou d'administration des biens propres de la femme faits par le mari après la demande, ne pourraient être opposés à la femme.

La femme en reprenant la libre administration de ses biens, peut sans autorisation toucher ses revenus, louer ses immeubles pour une période de neuf ans, elle pourra même toucher ses capitaux et en donner décharge : enfin la loi lui permet d'aliéner son mobilier à titre onéreux; mais elle ne peut sans autorisation donner son mobilier, ni aliéner ses immeubles.

La séparation de biens ne dissolvant pas le mariage, la femme est toujours tenue d'habiter avec son mari, le mari est tenu de la recevoir : la femme doit donc contribuer aux charges du mariage, proportionnellement à sa fortune et à celle du mari, ou même pour le tout s'il ne reste rien au mari. Mais à qui appartiendra l'administration, la direction du ménage? Au mari sans doute, car il n'a perdu ni la puissance paternelle, ni la puissance maritale, c'est donc entre ses mains que la femme devra verser sa contribution : cependant s'il dissipait les sommes fournies, le tribunal pourrait autoriser la femme à ne pas verser sa contribution aux mains du mari.

Nous avons dit que la femme ne pouvait aliéner ses immeubles sans autorisation; cette autorisation doit être celle du mari, ou à son refus celle de la justice : la position du mari n'est pas la même dans ces deux hypothèses. Si la vente a été faite en sa présence et de son consentement, il est garant du défaut d'emploi ou de remploi, si au contraire c'est avec autorisation de justice que la vente a été faite, il n'est garant du défaut d'emploi ou de remploi, qu'autant qu'il a plus tard concouru au contrat; si la femme prouve que, sans avoir concouru à la vente, il a reçu les deniers et qu'ils ont tourné à son profit, il devient responsable du défaut d'emploi ou de remploi; mais en aucun cas il ne garantit l'utilité de l'emploi ou du remploi, parce que du moment qu'il justifie d'un emploi quelconque, il est certain que les deniers n'ont pas tourné à son profit, et le but de la loi est atteint.

IV. *Du rétablissement de la communauté.*

La séparation de biens judiciaire étant une dérogation au contrat primitif, accordée à la femme quand sa dot est en danger, la loi a dû lui permettre de revenir à l'état primitif quand elle pense que le danger a cessé. Si le mari accepte le rétablissement de la communauté, elle sera rétablie, mais à certaines conditions: 1° Il faudra que ce rétablissement soit constaté par un acte notarié dont il restera minute; 2° que cet acte soit rendu public, et ce n'est qu'à partir de l'accomplissement de cette seconde formalité que le rétablissement de la communauté aura effet à l'égard des tiers. 3° Il faut que le rétablissement de la communauté soit tel qu'elle était primitivement : toute convention qui modifierait les conventions primitives serait donc nulle.

La communauté ainsi rétablie a des effets différents entre les époux : elle est censée n'avoir jamais discontinué : mais à l'égard des tiers, ce rétablissement ne pourra préjudicier en rien aux actes valablement faits par la femme.

Quant aux droits de survie, ils ne sont pas ouverts quand la dissolution de la communauté est arrivée autrement que par la mort naturelle ou civile; en effet, ces droits conditionnels sont en suspens quand la communauté est dissoute par la séparation soit de corps et de biens, soit de biens seulement, puisqu'on ne sait encore lequel des époux prédécédera.

DES CONVENTIONS EXCLUSIVES DE LA COMMUNAUTÉ.

Nous avons vu que le Code reconnaît et règle quatre régimes : le régime de communauté, le régime dotal, le régime sans communauté, et celui de séparation de biens. Ces deux derniers régimes, quoique placés dans le chapitre de la communauté légale, n'en sont pas moins deux régimes distincts qui ont leurs règles particulières, et auxquels les époux peuvent se référer d'une manière générale.

DU RÉGIME SANS COMMUNAUTÉ.

Du nom même de ce régime, il résulte qu'il n'y a rien de commun entre les époux, chacun d'eux reste propriétaire de tous ses biens présents et à venir. La femme n'a ni administration, ni jouissance; les revenus de ses biens sont censés apportés au mari pour supporter les charges du mariage : c'est lui qui administre les biens et qui perçoit les revenus; aussi les acquisitions qu'il fait pendant le mariage avec les économies lui appartiennent.

Le mari est à la fois administrateur et usufruitier, il a le droit de percevoir tout le mobilier que la femme apporte ou qui lui échoit pendant le mariage, mais à la charge de le restituer à la dissolution, ou lors de la séparation qui pourrait être prononcée en justice. Le mode de restitution varie selon qu'il s'agit de choses qui se consomment ou ne se consomment pas par l'usage.

Dans le premier cas, s'il y a un état estimatif le mari est devenu propriétaire et doit rendre la valeur; s'il n'y en pas, il rendra des objets de même quantité, qualité et valeur. Dans le second cas, il faut distinguer si l'inventaire est descriptif et estimatif; le mari étant devenu par là propriétaire, doit rendre la valeur ; si l'inventaire est simplement descriptif, le mari rendra les objets en nature et dans l'état où ils se trouveront.

Le mari jouit des biens de sa femme, comme usufruitier, et sauf la caution dont il est dispensé, il est tenu de toutes les charges de l'usufruit ; aussi supportera-t-il les contributions annuelles, les intérêts des dettes , les réparations d'entretien.

La femme pourra stipuler qu'elle touchera une partie des revenus sur ses seules quittances, précaution qui la met à l'abri de l'avarice ou de la mauvaise volonté de son mari.

Les immeubles de la femme sont aliénables en toute propriété avec le consentement du mari ; et en une propriété seulement, si le mari se refusant à l'aliénation, il a fallu recourir à l'autorisation de justice.

Les règles que le Code civil donne sur le régime sans communauté sont peu nombreuses, et bien des questions restent sans solution. C'est aux règles de la communauté qu'il faudra avoir recours pour les résoudre. En effet, la communauté est le droit commun , et le régime dotal l'exception ; d'ailleurs le régime sans communauté est emprunté aux pays coutumiers, et en discutant ce régime , les rédacteurs n'ont pu songer aux règles du régime dotal, puisque ce ne fut que longtemps après qu'ils s'en occupèrent.

DE LA CLAUSE DE SÉPARATION DE BIENS.

Cette clause est aussi appelée séparation contractuelle, parce qu'elle est stipulée par le contrat de mariage , et pour la distinguer de la séparation judiciaire. Ces deux séparations diffèrent : 1° En ce que la séparation contractuelle est irrévocable, comme toute convention matrimoniale, tandis que l'effet de la séparation judiciaire peut cesser par le consentement mutuel ; 2° Quant à la somme contributoire que doivent fournir les époux séparés pour soutenir les charges du mariage.

Sous ce régime , la femme conserve l'administration et la jouissance de tous ses biens , meubles et immeubles. Elle ne peut aliéner ses immeubles qu'avec l'autorisation de son mari ou de justice, et toute autorisation générale à cet égard serait nulle. Chacun des époux contribue aux charges du mariage dans la proportion déterminée au contrat ; et s'il n'a rien été convenu, la femme contribue à ces charges jusqu'à concurrence du tiers de ses revenus.

La femme peut donner mandat à son mari d'administrer ses biens

ou lui en laisser simplement par tolérance l'administration et la jouissance. Dans le premier cas, il est tenu comme mandataire, et doit
compte des fruits perçus. Dans le second, il n'est tenu que de repré-
senter les fruits existants, et ne doit pas compte des fruits consommés ;
la confiance de la femme fait présumer qu'il en a fait emploi suivant
ses désirs.

La séparation contractuelle n'empêche pas dans certains cas d'avoir
recours à la séparation judiciaire. Mais alors celle-ci n'a d'autre effet
que de permettre à la femme de ne plus verser entre les mains du
mari la contribution de l'art. 1537.

Ainsi le régime exclusif de communauté, qui comprend les deux
régimes dont nous venons de parler, tient le milieu entre le régime de
communauté et le régime dotal. Il diffère du premier, eu ce qu'il n'y
a pas de société entre les époux, et du second en ce que les immeubles
dotaux, peuvent toujours être aliénés, soit en pleine propriété avec
l'autorisation du mari, et à son refus l'autorisation de justice; soit
dans le régime sans communauté, eu nue propriété seulement, avec
l'autorisation de justice.

DES DROITS DE LA FEMME EN CAS DE FAILLITE DU MARI.

De droit commun, la femme a différents droits : des droits de propriété et par conséquent de revendication, des créances garanties ou
non par une hypothèque suivant que le mari a ou n'a pas d'immeubles,
une action comme donataire de son mari. Ces droits sont restreints
lorsque le mari est en faillite ; on pouvait craindre en effet, qu'il n'y
eût collusion entre les époux pour frustrer les créanciers du mari.

Dans cette matière un principe domine, c'est la présomption que
tout appartient au mari, aussi le Code de commerce est-il plus
rigoureux que le droit commun à l'égard des moyens de preuve qu'il
accorde à la femme.

Comme propriétaire, la femme pourra reprendre en nature les
immeubles dont elle a conservé la propriété ; ceux qui lui sont échus par
succession ou donation entre-vifs ou testamentaire, ceux enfin qui ont

été acquis en remploi de ses deniers, mais à la charge de prouver par inventaire ou tout autre acte authentique, l'origine des deniers qui ont servi à faire les acquisitions.

Elle pourra également reprendre les effets mobiliers qu'elle s'est constitués par contrat de mariage ou qui lui sont advenus par succession ou donation entre-vifs ou testamentaires, et qui ne sont pas entrés en communauté, mais toujours à la charge d'en prouver l'identité, par inventaire ou tout autre acte authentique : le Code est toujours très-rigoureux à cet égard; il ajoute même qu'à défaut de cette preuve tous les effets mobiliers sont acquis aux créanciers du mari.

La femme, avons-nous dit, peut avoir contre son mari des droits de créance résultant, soit de ce qu'elle a payé les dettes du mari, soit de ce que le mari n'a pas fait remploi du prix d'un de ses immeubles. Ordinairement les créances de la femme contre son mari sont garanties par une hypothèque légale qui frappe tous les biens du mari ; le Code, dans l'intérêt des créanciers, restreint la garantie de la femme. Si au moment du mariage le mari est commerçant, ou si n'ayant alors aucune profession déterminée, il est devenu commerçant dans l'année, l'hypothèque légale de la femme ne frappera que les immeubles qui appartenaient au mari au jour de la célébration du mariage, ou ceux qu'il aura acquis depuis par succession, donation ou legs; les autres biens sont présumés acquis avec les deniers des créanciers, et comme tels à l'abri de l'hypothèque légale de la femme.

Enfin on ne pouvait pas admettre la femme du failli à venir comme donataire, disputer aux créanciers de son mari le reste de ses biens ; aussi la femme ne pourra-t-elle exercer dans la faillite aucune action à raison des avantages portés au contrat de mariage ; mais réciproquement les créanciers ne pourront se prévaloir des avantages faits par la femme, au mari, dans ce même contrat.

QUESTIONS.

1° La clause portant que les enfants seront élevés dans telle ou telle religion, est-elle obligatoire comme toute convention matrimoniale? — Non.

2° L'absence est-elle une cause de dissolution de la communauté? — Non.

3° Sous tout autre régime que celui de la communauté, le défaut d'inventaire ferait-il perdre à l'époux survivant la jouissance des biens de ses enfants mineurs? — Non.

4° L'article 1444 du Code civil est-il abrogé par l'article 174 du Code de procédure? — Non.